ÉTUDE

SUR LA

COUTUME DES MEUNIERS
DE MEUNG ET DE BEAUGENCY
AU MOYEN-AGE

PAR

L. JARRY

MEMBRE DE L'ACADÉMIE DE SAINTE-CROIX

ORLÉANS
H. HERLUISON, LIBRAIRE-ÉDITEUR
17, RUE JEANNE-D'ARC, 17

1895

LA

COUTUME DES MEUNIERS

DE MEUNG ET DE BEAUGENCY

AU MOYEN-AGE

Lecture faite à l'*Académie de Sainte-Croix*, dans la réunion des Sociétés savantes d'Orléans, tenue le 27 mars 1895, sous la présidence de Mgr TOUCHET, Évêque d'Orléans.

ÉTUDE

SUR LA

COUTUME DES MEUNIERS

DE MEUNG ET DE BEAUGENCY

AU MOYEN-AGE

PAR

L. JARRY

MEMBRE DE L'ACADÉMIE DE SAINTE-CROIX

ORLÉANS
H. HERLUISON, LIBRAIRE-ÉDITEUR
17, RUE JEANNE-D'ARC, 17

1895

ÉTUDE

SUR LA

COUTUME DES MEUNIERS

DE MEUNG ET DE BEAUGENCY

AU MOYEN-AGE

I. — UNE CHARTE INÉDITE DE ROBERT DE COURTENAY, ÉVÊQUE D'ORLÉANS (1272).

L'Académie de Sainte-Croix a le privilège de jouir d'un champ de travail sans limites. Plus heureuse en cela que sa sœur aînée, la Société des sciences, cantonnée par ses quatre sections, et plus fortunée que la Société archéologique et historique restreinte à deux genres qui sont d'ailleurs infinis, elle a le droit de tout aborder. Ce qui tient à la religion, interdit aux deux autres Sociétés par leurs prudents statuts, lui est au contraire recommandé par sa propre devise : « *Christianæ veritatis et litterarum concordia.* »

Ceci, traduit très librement, veut exprimer, pensons-nous, qu'à Orléans la religion et la littérature, la science même, sont en complet accord; et qu'aucune ne se dispose à faire faillite aux autres, comme cela se passe quelquefois ailleurs, paraît-il.

On se convaincra facilement de la variété qu'offrent les études de l'Académie, grâce à l'élasticité permise dans le choix des sujets, en parcourant les sept volumes de mémoires qu'elle a déjà publiés. Nous nous autoriserons de cette variété même pour présenter, sans autre préambule, non pas un travail académique, mais une simple causerie sur la *Coutume des meuniers de Meung et de Beaugency au moyen âge.*

Qu'on ne s'y trompe pas ; nous n'avons ni l'intention ni le désir de traiter ici du régime des eaux, cette matière ardue qui fait le désespoir des étudiants en droit administratif et la joie des amateurs de chicane ; ni même d'esquisser une monographie corporative. Nous y serions des plus incompétents.

Nous voulons seulement donner quelques détails bien peu connus sur certains usages de la vie privée dans les petites villes de l'Orléanais au moyen âge. Est-il nécessaire d'affirmer que cette période transitoire de la barbarie à la civilisation est passionnante quand elle consent à livrer ses secrets? et elle les livre à qui les cherche avec persévérance. C'est aussi, par ses nuances et ses contrastes, une mine précieuse dont le moindre filon a sa valeur. Nous tirons les détails inédits qui vont suivre uniquement de vieux registres des notaires de la contrée et des archives orléanaises, en laissant de côté les ouvrages ou documents étrangers à la province ; afin d'emprunter à nos pères seuls les témoignages de leurs rapports sociaux. Il nous semble, en effet, que ces enquêtes ont plus de saveur en leur conservant ainsi le goût de terroir. Un heureux hasard fait que la nôtre est complète, du moins dans ses éléments essentiels.

Parcourant, il y a quelques années, les registres d'un notaire de Meung-sur-Loire (1), nous rencontrâmes le vidimus d'une charte de Robert de Courtenay, évêque d'Orléans, datée du jeudi après l'Epiphanie 1271, par conséquent 1272 d'après le nouveau style. C'est une fortune assez rare que de trouver des actes aussi anciens dans les minutes des notaires. Celui-ci est inédit et, croyons-nous, complètement inconnu (2). Nos évêques du XIXe siècle sont particulièrement riches en vertus, en savoir, en talents ; mais moins largement dotés des biens de ce monde que leurs prédécesseurs du XIIIe, quand même ils n'étaient pas de sang royal comme Robert de Courtenay. Conseillers écoutés des rois et des grands, pasteurs respectés des peuples, c'étaient aussi de puissants barons territoriaux. De leur vieille tour de la Fauconnerie, dont une inscription du moderne évêché marque seule l'ancienne place, dépendaient d'importants fiefs, une haute justice, de beaux droits. Ils étaient enfin seigneurs temporels de Pithiviers, de Jargeau, de Meung-sur-Loire et autres lieux.

La charte de Robert est curieuse en elle-même par sa solennité et parce qu'elle assigne une date reculée

(1) C'est actuellement l'étude de M. Quartier.

(2) Nous ne pensons pas que l'original soit aux archives départementales du Loiret. D'autre part, le *Gallia christiana*, les *Annales* de La Saussaye, les *Évêques d'Orléans* de l'abbé Pelletier n'en font aucune mention.

aux usages féodaux de cette petite ville épiscopale de Meung, dont elle donne l'occasion de parler sans les trop laisser soupçonner; car elle est brève comme toutes les pièces de la même époque. L'évêque Robert de Courtenay y concède à perpétuité à Colin dit Fagot, son sergent, en récompense de ses fidèles services, ainsi qu'à ses héritiers et successeurs, son *criage* ou *tavernage* de Meung, auquel est annexée une *mairie*, et dont il devra porter hommage de fidélité à l'évêque. Celui-ci donne l'investiture par son chapeau (1). C'est la première fois que nous rencontrons ce mode particulier parmi les infinies variétés d'investitures. Le chapitre d'Orléans approuva la donation et fit apposer, sur l'original, le sceau capitulaire à côté du sceau épiscopal.

Cette courte charte passerait presque inaperçue, si elle n'était enclavée dans un acte du 25 avril 1463 (2), concernant le bail à ferme, par l'un des successeurs de Colin Fagot, des droits donnés à ce dernier. Les actes de tabellionnage des XVe et XVIe siècles, même avant l'invasion des formules de style dont les notaires de nos jours ont tant de mal à s'exempter, sont très longs, au contraire de ceux du XIIIe. Celui-ci donne tous les détails désirables, et d'abord indique ce qu'il faut entendre ici par les termes de *mairie*, *tavernage* et *criage*; nous allons l'analyser. Nous comparons ensuite les cou-

(1) Du Cange, v° *Pileus*, donne cette description du chapeau de l'évêque, d'après le *Ceremoniale episcoporum* : « Pileus pontificalis cordulis ac floccis sericis coloris viridis ornatus ».

(2) Registre de Jehan le Picoté, notaire à Meung. (Étude Quartier.) Cf. *Pièces justificatives*, I.

tumes si caractéristiques des meuniers de Meung et de Beaugency, et nous précisons les similitudes rencontrées, sur certains points, dans l'ancien Orléanais. On trouvera les deux documents les plus importants aux pièces justificatives.

II. — LA MAIRIE ET LA COUTUME DES MEUNIERS DE MEUNG.

1° *Les mesures à vin et à graisses.*

Ces maires de Meung, dont nous parlons, ne sont pas comparables aux maires-intendants des Capitulaires, ni aux maires de village qui leur succèdent ; et qui, bien que d'humble condition, érigent, surtout ceux des abbayes, leurs offices en petites seigneuries ; et atteignent une certaine indépendance. Ils sont encore moins assimilables aux maires des communes libres nommés par les bourgeois ou par les procureurs ; ces derniers se sont successivement élevés à leur puissance municipale actuelle. On pourrait plutôt les rapprocher des maires seigneuriaux héréditaires ou des sergents fieffés, comme Orléans en comptait plusieurs.

L'acte octroyé à Colin Fagot, ancien sergent de l'évêque, prouve qu'on les considérait comme tels ; et, en effet, ils avaient droit de prendre un sergent sous leurs ordres, ou de lui affermer leur humble charge. Elle s'intitulait la *Mairie des mesures à vin et à graisses.* En fait, ce maire semble surtout un régisseur ou un percepteur, et sa mairie forme l'ensemble des droits qu'il était chargé de toucher.

Voici sommairement quelles en étaient les fonctions.

Le maire, ou son sergent, baillait les mesures à vin (1) par toute la ville et châtellenie de Meung et aux lieux qui en dépendaient, dont les principaux sont : le Portereau de Meung, la Nivelle, Aunay, Huisseau, Montpipeau, Coulmiers, Baccon, Rondonneau, Saint-Ay, Mareau, Estrepoy. Les taverniers qui vendaient vin payaient pour ces mesures une somme minime pour chaque tonneau et une encore inférieure quand le premier prix était forcément baissé. La redevance varie naturellement pour ceux qui vendent au muid ou à la jallaye (2).

De même le maire et son sergent ou fermier ajustaient et signaient les *mesures à graisses*. Il faut entendre par là que les marchands de vinaigre ou de verjus au détail, et ceux de *buffet*, c'est-à-dire de vin de lie, devaient payer douze deniers parisis le jour du Vendredi-Saint. La même somme était reçue de ceux qui vendaient l'huile, le jour des Brandons, où ceux-ci apportaient à visiter leurs mesures ; on a remplacé cela par les vérificateurs des poids et mesures. Lorsqu'elles n'étaient pas trouvées justes, le maire avait droit à un tiers de l'amende. De plus, il allait quérir chaque année ces mesures à l'ouverture du ban et les gardait jusqu'à sa fermeture. On sait que, pen-

(1) Le droit qu'avaient les seigneurs de fournir des mesures à leurs sujets, droit de haut justicier, explique la grande variété qu'on en trouvait jadis sur tout le territoire français. Louis XI exprima, l'un des premiers, le désir qu'il n'y eût partout qu'une seule mesure comme une seule justice.

(2) La jallaye contient 12 pintes à Beaugency et 16 à Orléans ; 15 jallayes font le muid de Vitry, 16 celui d'Orléans et de Châteauneuf. (Arch. dép., A, 1977.)

dant la durée du ban, le seigneur vendait seul son vin (1), à moins qu'il ne concédât les mesures pour cette période.

Le tavernage n'a donc ici le sens ni d'une amende infligée à ceux qui vendaient le vin à un prix exagéré, ni d'un tribut en nature pris sur les liquides débités en gros et en détail (2) ; mais celui du droit pour le seigneur de fournir les mesures et de les vérifier. Dans notre acte, tous ces droits sont affermés moyennant 32 sous parisis de rente annuelle et perpétuelle, payable par moitié aux termes des Nativités de Notre-Seigneur et de saint Jean-Baptiste, rachetable ou amortissable par une somme de 32 livres tournois versée en une ou deux fois.

Ces explications sur les mesures étant données, parlons du criage qui est plus intéressant et forme, à proprement parler, le fond de notre travail.

2° *Le criage.*

En un temps qui ne jouissait pas encore de l'invention de l'imprimerie, privé par conséquent des avantages et aussi, avouons-le bien bas, des inconvénients du journalisme et de l'affichage, le criage était le plus ancien et le seul mode de publicité, mode qui s'est aidé jusqu'à nos jours, dans les villes et les villages, du son

(1) Le ban du vin ou *ban-vin* variait, suivant les contrées, la volonté du seigneur, ou la quantité de ses vignes, de quatre à quarante jours. Maintenant le ban des vendanges est fixé d'après la maturité du raisin.

(2) Glossaire de Du Cange, v° *Tabernagium*.

des clochettes ou *échelettes*, et de celui de la trompe ou du tambour. La notification des actes de l'autorité, l'annonce et la réclame, les avis divers, les enterrements même ; tout cela était du ressort des crieurs. Dans les grands centres, la corporation empruntait à cette diversité et à ce cumul le titre bizarre de *jurés-crieurs de corps et de vins*.

Le maire de l'évêque, ou son sergent assermenté devant le bailli épiscopal, faisait donc à Meung tous exploits de sergent et tous cris (1) en « la ville, faubourgs et lieux accoutumés ». Il opérait gratuitement pour le roi et pour l'évêque ; mais recevait des habitants, pour chaque cri, quatre deniers parisis. Il publiait, criait et signifiait les sauvegardes délivrées par toutes les juridictions, touchait les *deniers à Dieu* pour les expositions en vente et les enchères des marchés.

En outre, il était tenu de porter à la connaissance des intéressés les commandements et ajournements de l'évêque, qui sont de quatre sortes :

1° *Le guet de l'évêque.* — L'évêque d'Orléans, seigneur temporel de Meung-sur-Loire, y possédait, touchant à l'église, un château fort dont les restes permettent encore d'apprécier l'importance aux temps féodaux. Comme tous les châtelains, il obligeait les habitants à faire le guet (2) dans sa forteresse, qui leur servait de

(1) Les sergents étaient souvent crieurs. En 1368, Jean de Fricambaut a commission de garder les prisons et la porte de Châteaurenard, et de faire les cris et offices de sergenterie. (Arch. dép. A, 1977, f° 39, v°.)

(2) Il ne faut pas confondre le guet avec l'*estage lige*, bien plus important, dû par le vassal au suzerain.

refuge, pour eux, leurs femmes, leurs enfants et leurs biens, en cas de danger. Pendant la paix, le maire de Meung commandait le guet qui s'y faisait chaque nuit, de la fête de saint Georges à celle de saint Denis ; mais, en temps de guerre, l'évêque *rendait* son château comme tous les grands vassaux, et c'était alors un capitaine qui prenait la direction de la place, sous les ordres du gouverneur du duché et sous l'autorité du duc d'Orléans ou du roi.

2° *La corvée de porter le pain à Saint-Ay.* — L'évêque d'Orléans habitait souvent sa maison de Saint-Ay, l'une de ses résidences aux XIIIe et XIVe siècles ; et beaucoup de chartes épiscopales sont datées de ce lieu. Lorsqu'il y séjournait, les meuniers de Meung remplissaient successivement la charge de lui porter le pain. La façon d'indiquer que le tour de chacun arrivait est rudimentaire et mérite d'être citée. Le maire se rend au moulin chargé de la corvée ; et, s'il n'y trouve pas le meunier, « ledit preneur, son fermier ou sergent, sont et seront tenuz de plaquer de la boue encontre l'uis de chacun moulin, enseigne que ledit maire ou son sergent ont esté sur ledit lieu pour faire ledit exploit ». Ce commandement était estimé suffisant et valable, puisque les infractions en étaient sujettes à l'amende.

Énonçons simplement les deux autres corvées, au sujet desquelles nous donnerons ensuite de plus amples détails.

3° *La corvée du jagleau.* — Le maire enjoignait aux meuniers qui devaient fournir le *jagleau*, ou la *jonchée*, d'en faire l'apport chaque jour chez l'évêque au château de Meung, lorsqu'il s'y trouvait, depuis l'Ascension jusqu'à la mi-août. Il y avait encore là, à chaque défaut, une amende montant à trois sous parisis.

4° *Exécution des criminels*. — Enfin le maire, ou son sergent, se rendait aux moulins qui devaient la *bannie*, c'est-à-dire la corvée, toutes les fois qu'il y avait une personne à exécuter ou à punir en cas de crime; et commandait aux meuniers d'aller quérir sans délai le bourreau pour faire l'exploit dudit malfaiteur.

III. — L'ANIER DE CHOISEAU ET LA COUTUME DES MEUNIERS DE BEAUGENCY.

Si nous passons de Meung à Beaugency, la petite ville voisine, peuplée aussi de nombreux moulins à eau, nous y rencontrons quelques usages analogues, ce qui n'a rien d'étonnant à une si courte distance. Leur origine remonte encore au moyen âge; mais ils se prolongent, en droit sinon en fait, jusqu'à une époque bien rapprochée de nous, ainsi que l'indique un acte de procédure, une opposition sur saisie réelle, datée du 26 mai 1779 (1).

Cette pièce nous apprend que le seigneur du moulin Choiseau (2) y jouissait de la haute, moyenne et basse justice. C'était, à ce titre, le successeur des seigneurs

(1) Nous avons trouvé ce document dans une liasse de vieux papiers chez un revendeur. Cf. *Pièces justificatives*, II.

(2) Le moulin *à Choisel*, d'après Roquefort, est celui que fait tourner une eau amassée et contenue par une écluse (*Glossaire de la langue romane*, t, II).

de Beaugency, premiers propriétaires du moulin, et de cadets de cette famille, seigneurs de Jouy-le-Potier (1). Il avait pour sergent le fermier ou l'ânier. On appelait ânier le garçon de moulin qui portait aux boulangers la farine à dos d'âne. Les *chats de Beaugency* n'ont donc pas à gloser, en ce point, sur les *ânes de Meung*. Cette malice gratuite deviendrait, en cherchant un peu, presque un titre de gloire. Il nous semble que les Orléanais devaient pousser cette exclamation : « Voici les ânes de Meung ! », comme un cri de joie et de délivrance, lorsqu'ils voyaient poindre les longues oreilles d'une colonne de ravitaillement, envoyée par les Magdunois, aux époques où la famine était occasionnée par les troupes ennemies qui menaçaient la ville. Ils faisaient fête aux ânes et aux hommes, sans les confondre toutefois.

Tous les boulangers de Beaugency étaient obligés à moudre leur blé au moulin Choiseau, sauf quatre d'entre eux, désignés tous les ans par ledit sergent pour faire moudre au moulin de Guenon appartenant aux religieuses de Beaugency. L'ânier de Choiseau avait droit, aux jours de samedi depuis l'heure de vêpres et de dimanche avant vêpres, d'*éclore* les autres moulins, c'est-à-dire d'en lever la vanne.

Si les autres boulangers, sauf les quatre baillés au moulin de Guenon, font moudre ailleurs qu'au moulin

(1) *Le cartulaire de N.-D. de Baugency*, par M. G. Vignat, publie des chartes des XIIe et XIIIe siècles où l'on voit des seigneurs de Beaugency possesseurs de ce moulin, puis en 1267, Hervé de Beaugency, seigneur de Jouy.

Choiseau, l'ânier-sergent peut « prendre le blé, la farine, le sac et la bête qui le porte, comme acquis et confisquez au seigneur du moulin Choiseau ; et, s'il trouve le pain fait, il peut le donner à qui bon lui semblera ». Il confisque encore audit seigneur le pain mis en vente par d'autres personnes que les boulangers de Beaugency, excepté les mardis et jours de foires ; et, pour certaines places fixes, les mardis, jeudis et samedis (1). Ces confiscations étaient faites par l'ânier « de soi-même, sans aucun juge requérir ».

Cet ânier, comme le maire de Meung, commandait les corvées aux meuniers qui étaient tenus de les faire, à peine de cinq sous parisis d'amende envers le seigneur de Choiseau. Voici quelles étaient ces corvées :

Pour chauffer les cheminées du château de Beaugency, la corvée du bois (2) mettait en mouvement un certain nombre de personnes. Les bourgeois de Saint-Laurent-des-Eaux le coupaient au buisson de Briou dans le bois du seigneur ; les manants et habitants de Grant-Champ l'apportaient au rivage ; les nautonniers le menaient par eau ; et les meuniers de Beaugency en devaient la conduite du port au château.

Ils étaient tenus d'y livrer « le jonc pour joncher la salle de Monseigneur, sçavoir aux jours et festes de l'Assomption (l'Ascension) de nostre Seigneur, Pentecoste et Feste-Dieu ».

(1) A Orléans, les samedis seuls étaient consacrés aux marchands forains.

(2) Cette corvée est mentionnée dans la coutume de Lorris : « *Villanei autem ligna ad coquinam nostram adducent* ».

Enfin, lorsqu'un malfaiteur était condamné à mort par justice, pour ses démérites, l'ânier prescrivait aux meuniers d'aller quérir l'exécuteur et de l'amener à leurs dépens. Ils devaient aussi garder le prisonnier au moulin Choiseau (1) jouissant, on l'a dit, du droit de haute, moyenne et basse justice.

Certaines autres coutumes curieuses, en dehors de celle des meuniers, se rattachent au château de Beaugency, dont les possesseurs, puissants feudataires, frapppaient monnaie, et ne craignaient pas de s'intituler : Seigneurs de Beaugency par la permission de de Dieu, tout comme les évêques d'Orléans. Les charpentiers et charrons font, en les payant, les portes de la ville et le gibet. Quand un boucher tue un bœuf, le seigneur en a la jambe, du porc une épaule, des moutons, un par an, le jour de l'Ascension. Tous ceux qui prennent des bêtes noires en la Châtellenie de Beaugency, sauf les seigneurs haut justiciers, doivent en rendre au château la *trace*; c'est-à dire la tête et les quatre pieds (2). Le seigneur a droit d'acheter le premier saumon, les premières lamproie et alose, pris dans la Loire devant Beaugency. Les potiers de Joyas fournissent, aux cuisines du château, autant de leurs pots qu'il est nécessaire. Les couturiers font les robes du seigneur, de sa femme et de ses enfants, et les pelletiers

(1) Les *Moisonniers* du moulin Choiseau, mis en prison, en 1368, pour avoir laissé échapper un malfaiteur condamné à être pendu, sont rendus à la liberté après enquête prouvant qu'ils avaient repris le coupable qui fut exécuté. (Arch., dép. A, 1977.)

(2) Arch. dép., A, 1977.

les garnissent de fourrures. Les fèvres doivent ferrer ses chevaux. Les fourbisseurs fourbissent et nettoient les étriers et harnais du seigneur (1). Les fourbisseurs d'épée lui présentent cinq lances garnies de fer chaque année. Tous ces droits étaient plus antiques et honorables que réels. Ainsi, en l'an 1402, Beaugency, ville bien appauvrie par les premières expéditions anglaises et surtout par les excès des Grandes Compagnies, ne possédait dans ses murs ni pelletier ni couturier, mais seulement un maréchal ; un compte en établit la constatation, et ajoute (2) : « Mais sont les droits du Chastellain pour le noblesse du Chastel, quand le cas y eschet ».

On a pu remarquer une grande analogie entre certaines coutumes des meuniers de Meung et de Beaugency ; il est probable que l'origine en doit être commune. Ces questions d'origine se perdent dans la nuit des temps féodaux et sont fort difficiles à trancher. Elles doivent tenir à l'essence même de la féodalité, au démembrement successif du droit absolu fondé sur la conquête, ainsi que tout ce qui touche aux fiefs eux-mêmes, à l'hommage, aux justices, aux redevances, aux censives, au servage. Des concessions de suzerain à vassal, de châtelain à manants, de comte à bourgeois, et réciproquement, créèrent de chaque côté des droits et des devoirs, des privilèges consacrés assez confusément par la tradition, puis débattus et réglés par les chartes de commune ou de coutume. Beaucoup de ces

(1) Fragment du compte du duché d'Orléans, en 1619.

(2) Compte de la Grèneterie du duché d'Orléans pour l'an 1402-1403. (Arch. dép. du Loiret, A, 1803.)

usages, perdant peu à peu de leur intérêt et aussi de leur rigueur, tombèrent en désuétude et s'éteignirent ; ou, s'ils ne disparurent pas complètement, furent convertis de commun accord en une minime prestation financière.

Mais, à prendre le sujet de haut, nous dépasserions vite les allures d'une étude sans prétention. Ne cherchons donc pas le point de départ de coutumes qui viennent de se montrer en plein exercice sur un coin du sol orléanais ; et bornons-nous à grouper encore quelques textes concernant, dans la province, l'exécution des criminels et la corvée de la jonchée, que nous avons seulement indiquées jusqu'ici.

IV. — EXÉCUTION DES CRIMINELS.

Les seigneurs ayant droit de haute justice étaient nombreux au moyen âge. Il y avait bien, dans une tour ou un souterrain de leur forteresse, une geôle pour les prisonniers ; et, sur une butte bien en vue au milieu de leurs champs, se dressaient un gibet ou des fourches patibulaires, terribles symboles de cette justice. Ils avaient aussi un bailli et des sergents. Mais, l'emploi du bourreau se trouvant somme toute assez rare, on était aux expédients lorsqu'il s'agissait d'une exécution capitale. Le caractère français répugne à ce métier longtemps regardé comme déshonorant ; et il est probable que, si nous n'avons plus actuellement qu'un seul exécuteur des hautes œuvres pour toute la France, ce n'est pas là une simple question d'économie.

La charge d'exécuteur était donc imposée à certaines

corporations, ou à certaines personnes, en échange de privilèges ou de dégrèvements de redevances qui leur étaient garantis par compensation. Nous avons vu que l'évêque obligeait les meuniers de Meung seulement à aller chercher un exécuteur, à Orléans probablement. La grande cité avait son bourreau, et des sergents en quantité suffisante. Nous n'avons donc pas à en parler, mais uniquement des petites villes. Il en était autrement de Beaugency, dont les seigneurs furent longtemps indépendants de la future capitale de la province. En principe, leurs meuniers étaient « tenuz de faire à leurs coulx toute exécution de justice : pendre, ardoir, bouillir, enfouir, escorcher et fuster (1). » Cette corvée est encore mentionnée en 1406 et 1408, dans les comptes du duché (2). Toutefois elle y figure au chapitre des recettes, ce qui prouve qu'elle était déjà rachetable; comme d'ailleurs d'autres actes de la même époque. Beaugency, vendu en 1291 à Philippe le Bel par Raoul II et Geffroy, n'était plus qu'une simple châtellenie de l'Orléanais, depuis son accession à l'apanage de nos ducs. En 1426, l'exécuteur de la haute justice d'Orléans, maître Pierre Robert, cédait à Jean Herneton, de Beaugency, son droit sur les moulins Rouge et de Paluau pour sept livres et un boisseau de pois (3), à la charge de remplir son office. Le même Pierre Robert, en 1432, donna

(1) Cette énumération est donnée par un registre du Trésor des Chartes de l'année 1328.

(2) Arch. nat., O, 20308 et 20309.

(3) Acte du 19 octobre, minutes de Pierre Christofle. (Étude Fauchon, à Orléans.)

quittance à Robine la Cabue, dame de la Croix d'Or et dudit moulin Rouge (1), de la rente annuelle due pour pareil motif. Cette rente, en 1450, était de neuf mines de mouture payables aux termes de Pâques, mi-août et Toussaint (2). En 1443, le valet ânier de Choiseau fait encore commandement aux meuniers des moulins Rouge, de Paluau et de Levreau, d'aller quérir l'exécuteur pour un homme, prisonnier à Beaugency, qui avait tué un habitant de Tavers (3). Enfin, en 1482, maître Philippe Dieu-le-fist, exécuteur de la haute justice du duc d'Orléans, passe marché avec Gentien de Ruequidort, fermier de Levreau, agissant pour sa part, de remplir son office, pendant tout le temps qu'il le tiendra, moyennant une pension annuelle de 17 sous parisis.

Nous constatons le même usage à Blois, dont les comtes prétendaient autrefois des droits de suzeraineté sur les sires de Beaugency (4). En 1340, Guy, abbé de Pontlevoy, pour délivrer les deux meuniers de son prieuré de Saint-Gervais en Grève, de Blois, de l'obligation d'exécuter les criminels, s'engage à payer au comte

(1) Acte du 15 décembre, minutes de Denis Delasalle. (Étude Gillet, à Orléans.)

(2) Acte du 27 décembre, minutes de Guillaume de Ruequidort. (Étude Blondel, à Beaugency.)

(3) Acte du 8 avril avant Pâques, 1481, minutes de Berthaut de Berry, notaire à Beaugency.

(4) En 1262, le roi et le comte de Blois *réclament en fief* la châtellenie de Beaugency. Les témoins sont plutôt favorables au roi ; mais il abandonne au comte le fief du château de Beaugency, de la ville et des appartenances. (Enquête du Parlement de Toussaint 1262. *Olim*, t. I.)

une rente perpétuelle de huit setiers de méteil (1). Guy de Châtillon, homologuant peu après cette transaction, reconnaît que « pour laquelle charge lesdiz molins feussent de maindre profit et mains requérables (2) ».

Si l'on va du Blésois au pays chartrain, on rencontre à Janville, ancienne châtellenie royale de l'Orléanais, une sergenterie *fieffée* qui porte le nom significatif de « sergenterie de la *bourrellerie* d'Yenville », d'après des actes du XIVe au XVIe siècle. Ce sergent jouit de quelques privilèges : celui de percevoir un tiers du guet à faire pendant le mois d'août, sans doute pour veiller aux moissons, par les *bigames et non clercs* du pays (3) ; et celui « du jeu de quilles et autres petits jeux, les jours de foires et assemblées, en ladite ville et châtellenie de Janville (4) ». En retour, il devait faire, comme le maire de Meung, les cris et publications ; et fournir, comme les meuniers de Beaugency, l'exécuteur des hautes œuvres à la justice, chaque fois qu'il en était besoin. Le déplacement de maître Pierre, bourreau d'Orléans, lui coûte, en 1433, la somme de quatre moutonneaux d'or (5).

(1) Charte du lundi après l'octave de la Pentecôte.

(2) Mt 394 de la Bibl. d'Orléans. (D. Verninac.)

(3) Bibl. nat. ancien suppl. fr. mt 2638¹. — A Orléans, les bigames et non clercs étaient commandés par le maître du grand guet, qui était aussi tenu de mener les mariées bigames au châtelet, où l'on dansait, et de les ramener à leur logis où il en recevait e présent d'une pièce de gâteau pour aller boire. (*Essais historiques sur Orléans*, par Pollucbe et Beauvais de Préau, p. 45.)

(4) Arch. nat., reg. des Ch. M., fo 2.

(5) Registre de Loys Cormier, notaire à Orléans. (Étude Paillat.)

A Vitry-aux-Loges, autre châtellenie royale, plusieurs aveux de petits fiefs mentionnent, à la fin du XIVe siècle, la servitude imposée aux vassaux avouants d'aider le prévôt, à leurs coûts et dépens, à mener les malfaiteurs saisis dans le ressort de la châtellenie jusqu'à l'huis de de la prison (1).

Le bourreau tenait le privilège de prélever une pleine poignée sur chaque sac de denrées exposé dans les marchés des villes. Ce droit est connu à Orléans sous le nom de *havée;* de *paulmée* à Janville, où le sergent de la bourrellerie en jouissait encore; et de *havage* à Montargis, où l'exécuteur le percevait concurremment avec le fermier du minage sur tous les grains (2).

Louis XIV fut le seul à prendre, en 1679, les intérêts des malheureux meuniers sur lesquels chacun s'exerçait à tondre (3). Il défendit aux trompettes et tambours des troupes d'exiger, à l'avenir, les cinq sous qu'ils prétendaient leur être dus par chaque moulin près duquel ils passaient, croyant probablement toucher ainsi une prime d'assurance contre le pillage.

C'était le *bon plaisir* du grand roi, et ce fut justice.

V. — LE JAGLEAU OU LA JONCHÉE.

Chassons les sombres pensées qu'éveille toujours le seul terme d'exécuteur des hautes œuvres, pour abor-

(1) Bibl. d'Orléans, mts 394 I et 433.

(2) Arch. dép. du Loiret, A, 310, 311.

(3) *Inventaire-Sommaire des Archives commun. de Nevers*, BB, 30.

der les idées plus riantes qu'inspire au contraire la jonchée à l'âcre parfum. Orléans, grâce à Jeanne d'Arc, jouit encore du privilège assez rare de répandre ce gracieux mélange de verdure et de fleurs à la Fête-Dieu, sur le passage du Saint-Sacrement.

L'usage en était autrefois très habituel dans toutes les classes de la Société, et pour bien des circonstances.

Le *jagleau* de notre charte est, paraît-il (1), une sorte d'iris ou de glaïeul que l'on criait dans les rues de Paris, au XIIIe siècle, sous le nom de *jagliau*. On l'appelait encore *Jaglonnée* en Gâtinais, et *Jaugle* en Sénonais (2). Le terme ordinaire est *jonchée*, que les femmes du vignoble orléanais prononcent encore couramment *joinchée*, de la même façon qu'il s'écrit dans un certain nombre d'anciens documents. Le langage populaire, on le sait, loin d'être défectueux, se rapproche souvent de la forme la plus pure du vieux français.

La jonchée succédait en ligne directe au foin et à la paille ; on se peut tenir de moins près. Il serait aisé de faire, à ce propos, étalage de quelque érudition ; de montrer, par exemple, les Gaulois se servant comme siége de foin, et les Francs de paille. Cette distinction nous semble vraiment bien subtile !

Il est plus sage de rappeler, d'après de nombreuses ordonnances royales, la suppression d'une tradition très ancienne, qui rappelait un peu trop la conquête et les façons d'agir d'une armée vivant sur l'ennemi. Nos

(1) *Vie privée des Français*, par le Grand d'Aussy.
(2) Glossaire de Du Cange.

rois jouissaient alors librement du *droit de prise;* c'est-à-dire que, partout où ils se trouvaient, les officiers de la couronne prenaient chez l'habitant, en négligeant parfois de le payer, tout ce qui était nécessaire au coucher et à la nourriture du monarque et de son entourage, notamment la paille pour garnir le plancher ou le pavage des chambres. Les rois, de Louis le Gros à Philippe-Auguste, mirent fin à cette injuste exigence. Des ordonnances successives, promulguées tant par eux que par leurs successeurs, dispensent, moyennant finance, les villages des environs de Paris de ces prestations en nature (1). Les coutumes locales, à leur tour, transforment le droit de prise en droit de *créance*, par lequel un crédit plus ou moins étendu est convenu pour solder l'achat des denrées de la cour. La coutume de Lorris, celle de Cléry et des villes qui l'adoptèrent, accordent au roi et à la reine un terme de quinze jours pour payer leurs aliments ; celle de Montargis, plus généreuse, donne un délai d'un mois entier au seigneur, Pierre de France (2). Les ordonnances prouvent néanmoins que la fourniture de la paille, pour l'usage qui vient d'être énoncé, dure à l'égard des rois jusqu'au XVe siècle. A plus forte raison les particuliers s'en servaient aussi, pour se garantir du froid. Au contraire,

(1) *Ordonnances des rois de France*, particulièrement t. II et IV. — *Catalogue des actes de Philippe-Auguste*, par L. Delisle. — *Collection des meilleures notices et traités relatifs à l'histoire de France*, par C. Leber, t. XX, — Bibl. nat , mss. Baluze, t. LXV, p. 278.

(2) *Ordonnances*, t. XI, p. 471.

en été, on se procurait de la fraîcheur avec les rameaux, l'herbe ou la jonchée. Ceci ramène directement à nos documents orléanais.

On a vu que le port de la jonchée aux châteaux de Meung et de Beaugency était obligatoire pour les meuniers. Cette coutume fut rigoureusement exécutée. En 1411, à cause de la lutte des Armagnacs contre les Bourguignons, Beaugency était commandé par un capitaine nommmé Guillaume Le Jay. Il condamne à 18 sous parisis d'amende Etienne Texier, fermier du moulin de Paluau (1), « ayant défailli de porter le *joinc* en ceste présente année au chastel. » Les biens du pauvre meunier furent même saisis et vendus.

Le même usage s'étendait aux tribunaux. On lit, en 1332, dans un compte de la châtellenie de Romorantin (2) : « cinq sols pour *paller et joincher* le plesdeur où le baillif et le chastelain tenent leurs plez. » A la fin du même siècle, les procureurs d'Orléans font aussi pailler la chambre de ville qu'ils louent au prieur de Saint-Samson (3).

Nos pères ne manquent jamais de s'offrir ce luxe pour les repas ni de garnir leurs salles de rameaux verts. En 1389, on trouve une singulière redevance payable au sieur de Bois-Regnart faisant son aveu à Nouan-sur-Loire (4) :

(1) Acte du 16 mars 1410 (v. st.) Minutes de Michel de Berry le jeune. (Étude Blondel.)

(2) Collection de l'auteur.

(3) Arch. municip. d'Orléans, compte de Pierre de Saint-Mesmin, 1391-1393.

(4) La haute justice de Nouan-sur-Loire était réclamée par le

« Item, un souper deub audit advouant, à son clerc et varlet audit lieu de Noan, le jour de la Saint-Martin d'hiver, à tortilz de cire, chambre paillée, *treines sur selles* (1), deux paires de vin et deux paires de viandes (2). »

A Paris, dans le menu d'un repas fait en 1412, on compte « herbe vert à parer la salle (3) ; et au dîner annuel que les notaires et secrétaires du roi prenaient chez les Célestins, on garnissait le sol de « may et herbe vert (4) ». En 1428, l'année du Siège, les procureurs de la Ville d'Orléans établirent, durant quatre jours, avec le receveur du domaine, la *taille du pain et du vin* ; ils inscrivirent dans leurs comptes : « pour hostellaige, forni pour lesdits quatre jours de nappes, toailles, verjus, vinaigre et paille pour mettre sous les pieds desdits bourgeois. »

Un procès se poursuivait en 1476, à propos d'un curieux repas, par devant les seigneurs tenant les Requêtes du Palais de Paris et le gouverneur de Blois, entre le seigneur d'Avaray et le maître de Saint-Ladre de Beaugency (5). Le premier, Jean de Mineray, écuyer, prétendait que le maître de Saint-Ladre, à cause de son

comte de Blois et Sainte-Croix. La saisine en est adjugée au comte par le Parlement. (Enquête de Toussaint 1270. *Olim*, t. I.)

(1) Nous ignorons l'explication de ces termes ; peut-être y a-t-il une faute du scribe ?

(2) Arch. départ. du Loiret. — Livre des fiefs du comté de Beaugency.

(3) *Bibl. de l'École des Chartes*, t. XXI, p. 225.

(4) *Revue des questions historiques*, 1895, p. 247.

(5) Acte du 20 juillet, devant Jacquet Barilleau. (Étude Blondel.)

lieu de Fontenailles, « le jour de Saint-Loup et Saint-Gille, qui est jour de foire à Saint-Ladre, estoit tenu luy bailler et administrer, à luy, sa femme, leurs serviteurs familliers, leurs chevaulx, lévriers, chiens et oiseaulx, à disner ; et les servir de boilly et routy, de vin blanc, cleret et vermeil, et bailler de la jonchée, et de la paille blanche à leurs chevaulx, chiens et lévriers, et penser (sic) leurs oiseaulx ; et les actendre jusques à midi, et leur dire ou leur faire dire par ung chappellain à ses despens une messe ; et après disner bailler audit demandeur et sa femme chambre et lit honneste pour eulx repouser, et à leur partement leur paier la somme de cinq solz parisis ». Ce petit tableau vraiment achevé nous dispensera de suivre l'historique du dîner et du procès. Notons cependant que, vers 1780, les seigneurs d'Avaray se bornent à exiger tous les ans une somme de dix-huit livres, qui fut abolie à la première révolution « comme *entachée de féodalité* (1) ». Le terme ne semble-t-il pas bien gros, comme la formule passablement démodée, pour un impôt de 18 livres, aujourd'hui que nous avons réalisé tant de progrès en ce genre ? Il est vrai que le duc d'Avaray fut député de la noblesse de l'Orléanais aux États-Généraux de 1789, et qu'il commit l'impertinence d'émettre le vœu qu'on juxtaposât à la *Déclaration des Droits de l'homme* celle des *Devoirs du citoyen* !

L'Église adopta de bonne heure l'usage de la jonchée pour ajouter cet hommage de la nature à la pompe de

(1) Notes manuscrites de l'historien Pellieux.

ses cérémonies. Les traces qu'on en rencontre sont malheureusement clairsemées. Nous croyons que toutes nos églises imitaient l'exemple de la paroisse Saint-Paul. C'en est un marguillier zélé, Daniel Jousse, l'émule de Pothier, qui a relevé, dans les comptes de ses prédécesseurs du XVIIe siècle, les dépenses pour jonchée et fleurs à toutes les bonnes fêtes de l'année, afin d'orner la table de communion (1). A Saint-Firmin de Beaugency, le clergé avait soin de mettre de la paille sous les pieds des fidèles, à matines le jour de Noël, du buis dans l'église le jour de Pâques Fleuries et de la ramée à la Pentecôte (2). Dans un accord passé au XVIe siècle avec les gagers de Langey en Dunois, le curé s'engage à fournir de paille son église (3). Il en était de même dans les monastères. D'après les anciennes coutumes de Saint-Benoît-sur-Loire (4), on distribuait la veille de Noël du jonc fraîchement coupé, dans le chœur de l'église; et à Saint-Père de Chartres, abbaye dont notre prieuré de Saint-Paterne dépendait, la jonchée était répandue aux quatre fêtes de l'Ascension, Pentecôte, la Fête-Dieu et Saint-Pierre.

Cet emploi se retrouve, à Orléans, dans les cérémonies publiques et les passages de princes. En 1460, à la joyeuse entrée de Marie, fille du duc d'Orléans (5), on

(1) Collection de l'auteur.

(2) Notes du docteur Pellieux, historien de Beaugency.

(3) *Minutes des notaires du Comté de Dunois*, par M. L. Merlet.

(4) Mt 107 de la Bibl. d'Orléans.

(5) Arch. munic. d'Orléans, CC. 666.

mena danser les femmes au Châtelet et l'on mit de la jonchée de fleurs devant la Cour-le-Roi. Peu d'années après, en 1469, le jeune duc et sa mère se rendant en bateau, de Châteauneuf à Blois, accompagnés de musiciens et de joueurs d'instruments, leurs chalands étaient couverts de *moyses*. Lorsque la reine de Hongrie entra dans la ville de Romorantin (1), en 1501, le boulevard était semé de *joinctz* et de *pavoux*. Enfin, au même siècle, le jour de la fête de la Ville ou de Jeanne d'Arc, les Orléanais paraient « de *moysets* et de rameaulx (2) les images de Notre-Dame et autres images étant sur le pont ».

Oserons-nous, en terminant, passer le détroit pour savoir comment se comportaient, au commencement du XVIe siècle, les Anglais, gens qui se piquent à bon droit, de nos jours, d'observer les lois les plus raffinées de l'hygiène et de la propreté? Prenons à témoin le savant Erasme, qui aime et connaît l'Angleterre, où il reçoit, à chacun de ses voyages, un accueil flatteur et profitable. Si la véracité du narrateur n'est pas suspecte, on peut du moins s'étonner qu'un écrivain aussi délicat ait trop négligé, dans la circonstance, les préceptes de son traité sur la civilité puérile et honnête; qu'on en juge.

Erasme raconte qu'en Angleterre « le sol est garni tantôt de carreaux, tantôt de joncs (3) renouvelés de

(1) *Inventaire sommaire des arch. municip. de Romorantin*, CC. 3.

(2) Arch. munic. d'Orléans, compte de Cl. Framberge, 1530.

(3) Hentzner, juriconsulte silésien, voyageur du XVIe siècle,

temps à autre, de sorte que le dessous reste quelquefois vingt ans à entretenir les crachats, les vomissements, l'urine des chiens et des hommes, la bière qu'on y a jetée avec les restes de poissons et d'autres ordures innommées. Quand le temps change, le sol dégage des émanations qui ne peuvent être salutaires au corps humain. » On conviendra qu'il appartenait à la nation britannique de prendre ensuite sa revanche, en mettant à la mode les bienfaits du *tub*. Le lecteur bénévole sait combien le style perd à une traduction (1). Il goûtera le passage dans la pure langue de Cicéron, s'il lit seulement les douze cent treize pages in-folio des *Erasmi epistolæ*. Observons qu'Érasme est dans l'âge mûr et moins accessible qu'autrefois aux charmes de l'hospitalité anglaise (2).

On éprouve toutefois quelque orgueil d'être Français, en lisant la relation d'un voyage dans notre pays en 1577. L'ambassadeur de Venise, la cité la plus riche et la plus élégante de toute l'Europe civilisée, Jérôme Lippomano, remarque avec soin qu'à Paris l'on garnit l'intérieur des maisons avec des nattes de paille, qui

raconte, dans son *Itinerarium*, qu'il assista dans le palais de Greenwich à une audience de la reine Élisabeth. La salle était garnie de tapisseries précieuses et le sol jonché de foin, suivant la coutume anglaise.

(1) Elle n'est pas mienne; je l'ai rencontrée dans les *Études sur la Renaissance, voyages et voyageurs*, par Edm. Bonnaffé. (Gazette des Beaux-Arts, 3e période, t. XI, p. 492).

(2) Son observation sur l'amabilité de cette hospitalité plairait certainement à l'auteur d'une célèbre conférence, M. Psichari. Elle précède l'autre citation dans l'étude de M. Bonnaffé.

protègent du froid en hiver et de la chaleur en été. Si l'envoyé de la sérénissime république ne parle pas du sol, c'est probablement qu'il jouissait d'un odorat moins prompt à la révolte que celui du divin Erasme ; ou plutôt que, en fait, il n'y avait là sûrement rien à critiquer.

PIÈCES JUSTIFICATIVES

I

DON DE LA MAIRIE DE MEUNG, PAR L'ÉVÊQUE ROBERT DE COURTENAY, CESSION DE CETTE MAIRIE ET DROITS QUI EN DÉPENDENT.

(1272-1463).

Jehan Bordineau l'ainznel, marchent et taverneur demourant à Baugenci, ou nom et comme aient le droit à titre de don, de Denise derrenièrement veufve feu Me Jehan Vaillant et fille feu Geuffroy Le Bulleteur, comme, par lettres de don qui furent faictes et données soubz le seel de la chastellenie de Baugenci, peut plus à plain apparoir, dont la teneur est telle — (Suivent les lettres de don en date du 26 mai 1460). — Par vertu desquelles lettres de don cy dessus transcriptes et par vertu du pouvoir à lui donné, en ceste partie, de disposer et ordonner de ses héritages, cens rentes et autres choses quelxconques qu'elle a de présent et qu'elle pourra avoir à l'eure et au jour de son décès et trespas, et yceulx bailler et appliquer a son prouffit ; confessa ou nom que dessus avoir baillé, et, par la teneur de ces présentes, baille à rente annuelle et perpétuelle à propre héritage à touzjoursmes à Colas Abraham, marchent demorant à Meung, à ses hoirs et à ceulx qui de lui auront cause, la mairie des mesures à vin et à gresses avec le criage de la ville de Meung, avec aussi touz les droiz, prouffiz et émolumens à ladicte mairie et criage appartenans, lesquels droiz s'enssuivent :

Premièrement, que ledit preneur comme maire de ladite

merise a droit d'avoir sergent à cause de ladite merise, qui fera touz exploiz de justice comme sergent de révérend père en Dieu Monseigneur l'Evesque d'Orléans, en sa ville et chastellenie dudit Meung sur Loire ; et aussi que quelconque personne qui soit fermier et moesonnier dudit maire sera sergent de mondit seigneur l'évesque, à cause de ladite merise, le temps de sadite ferme, en faisent le serement en tel cas acoustumé, pardevant le bailli de mondit seigneur l'évesque ou son lieutenant audit Meung. Avec ce pourra faire touz exploiz de sergent. Et aussi fera et pourra faire ledi preneur comme maire, ou son fermier ou sergent pour lui, touz criz en la ville et forbours et aux lieux acoustumez, quant mestier en sera ; pour lesquels criz ledit preneur, comme maire, ou son fermier ou crieur pour lui, aura de chacun cry qu'il fera en ladite ville et aux lieux acoustumez quatre deniers parisis, sauf pour le roy notre sire ou pour Monseigneur l'évesque d'Orléans, de ce qui touche l'ordinaire dudit éveschié. Item aura ledit preneur ou sondit sergent [droit] de publyer, crier ou signifier chacune sauvegarde en ladite ville, de quelque juige que elle soit donnée, douze deniers parisis. Item de touz marchez qui seront criez par ledit preneur, comme maire, ou par son fermier ou sergent, et exposez en ventes en ladite ville ledit preneur, comme maire, ou sondit fermier ou sergent pour lui, aura ou doit avoir les deniers à Dieu qui sont et seront mis à l'enchière desdits marchez, prouveu que ledit preneur, comme maire, ou son fermier ou sergent, est et sera tenu de faire touz commandemens et adjornemens que mondit seigneur l'évesque d'Orléans a et aura à faire. Cest assavoir : Adjourner le guiet de mondit seigneur l'évesque toutesfoiz que mestier en est et sera, lequel guiet dure par chacune nuyt du jour de Saint-George continuelment jusques à la Saint Denis enssuivant ; Et sera tenu ledit preneur, comme maire ou son fermier ou sergent, de faire commandement aux muniers qui doivent la corvée, de porter le pain à Saint-Ay, à mondit seigneur l'évesque, toutes foiz qu'il sera en sondit lieu de Saint Ay ; Et pour faire lesdits commandemens, ledit preneur, comme maire, ou son fermier ou sergent, ne seront tenuz d'aller que aux molins qui sont chargez de ladite corvée ; et se ledit preneur comme maire, son fermier ou sergent, ne trouvent les musniers desdits molins, ledit preneur, son fermier ou sergent, sont et seront tenuz de plaquer de la boue encontre l'uis de chacun molin, enseigne que ledit maire ou son sergent ont esté sur ledit lieu pour faire ledit exploit, lequel exploit ainsi fait vault et est tenu pour commandement ; et toutesfois que ledit commandement est fait et iceulx musniers seront deffaillans de porter ledit pain audit lieu, ilz cherront en amande de trois solz parisis. Item ledit preneur, comme maire, ou son sergent, seront tenuz faire commandement aux musniers qui tiennent les molins qui doivent le jagleau, que ilz portent ledit jagleau chacun jour chez ledit monseigneur l'évesque, à Meung en son chastel, toutes foiz qu'il y sera, depuis l'ascension Nostre Seigneur jusques à la my aoust enssuivant ; et ou cas qu'ils deffauldront de ce faire ilz cherront en trois solz parisis d'amende. Item, ledit preneur comme maire, ou son sergent, sont et seront tenuz d'aler sur touz les moulins qui doivent la bannie, toutes foiz qu'il y a aucune personne à exécuter ou estre pugny d'aucun cas de crime, et faire commandement aux muniers desdiz molins, ou à ceulx à qui il appartient, que tantost et sans délay ilz aillent quérir le borreau pour faire l'exploit dudit malfaiteur, tel comme au cas appartiendra ou pourra appartenir. Item, ledit preneur comme maire, ou son sergent, seront tenuz bailler toutes mesures à vin ou à gresses par toute la ville et chastellenie de Meung, comme au lieu du Portereau de Meung, à la Nivelle, à Aunay en la paroisse Saint-Pierre de Meung, à Huisseau, à Chastes, à Monpipeau, à Auton, à Colomiers, à Bacons, aux Mons, au Buisson, à Rodonneau, à la Bruère, à Saint-Ay, à Mareau, à Estr.poy, lesquelx lieux sont en partie en la chastellenie de

Meung, auxquelles mesures appartiennent les droiz et prouffiz qui ensuivent. Premièrement que ledit maire ou son sergent prennent de chacune mesure que ilz baillent pour vendre vin à destail, de chascun tonneau qui est en taverne ung denier parisis; et ou cas que ledit tonneau ne se peut vendre au premier pris, et il sera mis à moindre pris, ledit maire, ou sondit sergent ou fermier, auront pour chacun rabès maille parisis. Et aussi auront ledit maire, ou sondit sergent ou fermier, de chacun estellon ou mesure pour porter hors de ladite ville aux lieux forains dessusdiz quatre deniers parisis toutes foiz qu'ilz bailleront lesdiz estellon et mesure. Item, auront lesdiz maire, ou sondit sergent ou fermier, de chacun qui mesurera à la jalaye par chacune foiz maille. Item, aura ledit maire ou sondit sergent ou fermier, de touz ceux et celles qui mesureront au muy, par toutes foiz et si souvent qu'ilz y mesureront douze deniers parisis. Item, aura ledit maire ou sondit sergent ou fermier, de chacune mesure à gresse qu'ilz adjousteront ou signeront, huit deniers parisis pour adjouster, et quatre deniers parisis pour signer. Item, aura ledit maire, ou sondit sergent, de touz ceulx et celles qui vendront vinaigre ou verjus à destail et en ladite ville, chascun an, pour toute l'année douze deniers parisis deubz audit maire, le jour du venredi benist. Item, de touz ceulx et celles qui vendent buffet en ladite ville, chacun an, douze deniers parisis ledit venredi. Item, aura et recepvra ledit maire ou sondit sergent, chacun an, le jour des brandons, douze deniers parisis, de touz ceulx et celles qui vendront huisle en ladite ville, soubz telle condicion que iceulx vendeurs ou marchens seront tenuz de porter leurs dictes mesures par devers ledit maire, son fermier ou sergent, icellui jour des brandons, pour veoir et visiter icelles mesures par ledit maire, son fermier ou sergent pour lui. Item, aura ledit maire, ou sondit sergent pour lui, de chacun marchent forain qui mesurera huisle en ladite ville, deux deniers parisis pour le mesurage de ladite huisle. Item, s'il advient que aucuns vendeurs de vins ou marchens soient repris par justice de mal mesurer, à mesures non justes ou autrement, et que pour ce ilz facent amende a justice, ledit preneur, ou son fermier pour lui, auront la terce partie de ladite amende. Et aussi sera tenu ledit preneur, ou sondit fermier, de soy ajoindre avec la justice pour pourchasser et demander son droit de ladite amende. Et, par cest present bail et prise faisens, sera ledit preneur tenu de aller quérir par chascun an lesdites mesures par les tavernes chez ceulx qui les auront toutes fois que le ban [est] en ladite ville et de les tenir et garder, jusques ad ce que ledit ban soit failli et finé, sauf les mesures qui sont ordonnées pour ledit ban. Cest présent bail fait pour le pris, chacun an, de trente deux solz parisis, monoie aient de présent cours, de rente annuelle et perpétuelle, à rendre et paier par chacun an à touzjours mais, par ledit preneur et ses noirs et aiens cause, audit bailleur, à ses hoirs et aiens cause, ou au porteur de ces lettres, aux termes des Nativitez Notre Seigneur et sainct Jehan Baptiste, à chacun terme la moictié, le premier terme et paiement comancent à la Nativité Notre Seigneur prochaine venant, et franchement et quictement à chacun desdiz termes, comme dit est, par ainsi et en telle manière que toutes et quantes foiz que ledit preneur, ses hoirs ou aiens cause de lui, pourront paier et bailler audit bailleur, à ses hoirs et à ses aiens cause la sommé de trente deux livres tournois, monoie que dessus, avec les arrérages d'icelle, se aucuns en sont deubz d'ilec en avant, ladite rente sera nulle, amortie, et du tout anichillée; et cesseront d'ilec en avant ledit preneur, ses hoirs ou aiens de lui cause, de paier icelle; et en outre a accordé ledit bailleur audit preneur que toutes et quantes foiz que icellui preneur, ses hoirs ou aiens de lui cause, pourront paier et bailler audit bailleur, à ses hoirs ou aiens de lui cause, la somme de seze livres tournois, monoye que dessus, avec les arrérages d'icelle, se aucuns en sont deubz, ils amortiront la moictié de ladite rente. Et s'il est trouvé, au temps advenir, que ladite Denise ait fait aucune aliénacion, vente, don, transport, eschange ou autres préjudiciables à ces présentes, ne pareillement ledit bailleur, à ce regart, ledit bailleur les promet garentir ; et oultre plus, pour garentage, a ledit bailleur baillé audit preneur, en la présence dudit juré, deux adveuz : l'un que bailla pieca feu Jehan Denisot, en son vivant mari et espoux de feue Babeau jadis sa femme, qui à cause de ladite feue Babeau y avoit la moictié; et l'autre de Babeau la Joceline, fille de feu Colas Jocelin et de Babeau jadis sa femme ; avec une lettre de don, saine et entière en escripture, séellée de deux seaulx et à doubles queues, dont partie d'iceulx seaulx sont brisez ; cest assavoir l'un desdits seaulx de feu Robert, de bonne mémoire, lors évesque d'Orléans, et l'autre du séel de chappitre de l'église d'Orléans, de laquelle lettre de don la teneur enssuit :

Universis presentes litteras inspecturis, Robertus, misericordia divina Aurelianensis episcopus, et capitulum ecclesie Aurelianensis, salutem in domino. Noveritis quod nos episcopus Aurelianensis, considerantes merita Colini dicti Fagot, dilecti servientis nostri, et ipsius obsequia diu nobis fideliter exhibita, et prudenter ipsum favore benivolo prosequentes, criagium seu tabernagium nostrum de Magduno, cui criagio seu tabernagio majoria est annexa, et racione cujus debetur nobis fidelitatis hommagium exhiberi, dicto Colino, intuitu pietatis et in recompensacionem servicii sui, donamus et concedimus inter vivos, ab ipso Colino et ejus heredibus et successoribus perpetuo pacifice possidenda ; et ipsum Colinum, nomine suo, et heredum et successorum suorum, per pileum nostrum, de dicto criagio seu tabernagio investimus, dominium et possessionem dicti criagii seu tabernagii ad dictum Colinum totaliter transferentes, promictentes bona fide quod, contra donacionem et concessionem hujus modi, racione aliqua sive causa, per nos vel per alium, de cetero nullatenus veniemus; immo dictum criagium seu tabernagium dicto Colino, et ejus heredibus et successoribus, contra omnes garantizabimus imperpetuum, et etiam deffendemus. Nos vero, capitulum ecclesie Aurelianensis, donationem et concessionem predictas volumus, laudamus et ratas et firmas habemus, et eisdem pietatis intuitu consentimus, et in hujus rei memoriam et testimonium, nos episcopus et capitulum Aurelianense, sigilla nostra presentibus litteris duximus apponenda. Datum et actum anno Domini millesimo ducentesimo septuagesimo primo, die Jovis post Epiphaniam domini, in capitulo nostro generali.

(Minute de Jehan Le Picoté, notaire à Meung-sur-Loire. — Étude Quartier.)

II

OPPOSITION SUR SAISIE RÉELLE DES MOULINS DE PERSERANT ET DE CHOISEAU. — DROITS QUI APPARTIENNENT A CE DERNIER.

(26 mai 1779.)

Le moulin de Perserant, scitué en la paroisse de Tavers, consistant en deux chambres basses, greniers au-dessus, dans l'une desquelles chambres est le dit moulin, tournant, moulant, donnant, travaillant, et autres ustenciles faisant farine, cours d'eau, cour, jardin, poulaye, clos d'arbres, terres labourables, et généralement toutes les aisances, appartenances et dependances, le tout en un seul tenant contenant cinq mines de terres labourables ou environ;

Vne mine de terre scituée à la rue de Foussard, même paroisse de Tavers;

Le grand moulin appellé le moulin Choiseau, scitué en la ville de Baugency, rue de la Porte-Regnard, paroisse Saint-Nicolas, consistant en bâtiment, chambre et grenier, le tout couvert de tuilles, cours d'eau, roues, rouets, tournans, moulans, virans, donnans et faisant farine, ensemble la maison y jointe;

Vne maison, grange ou écurie, scituée en la ditte ville de Baugency, même rue, et vis à vis le dit moulin de Choiseau;

Auquel moulin de Choiseau tous les boulangers de Baugency sont tenus de moudre leurs bleds, sauf quatre boulangers tels que le seigneur du dit moulin Choiseau, leur fermier ou asnier du dit moulin, les veut bailler pour moudre au moulin de Guenon scitué en la ville de Baugency, appartenant aux dames religieuses de Baugency, que les dits seigneurs, fermiers ou asniers doivent nommer chacun an, avec le droit à l'asnier du dit moulin Choiseau, aux jours de samedy depuis l'heure de vespres, et aux jours de dimanche avant l'heure de vespres, d'éclore les autres moulins de la ditte ville de Baugency ou aucun d'iceux, pourquoi il lui est deu sur chacun moulin par lui éclos quatre deniers parisis d'amende; et il peut prendre gages en leurs moulins tels qu'il lui plaira pour se payer des dits quatre deniers parisis; et si les meusniers des dits moulins font moudre leur moulin qui auroit été par le dit asnier éclos, icelui asnier peut derechef éclore iceux et prendre pour sur et chacun des dits moulins cinq sols parisis d'amende et gages pour icelle; et si aucun que les quatre boulangers baillés au moulin de Guenon sont trouvés avoir fait moudre et mouler ailleurs qu'audit moulin Choiseau, l'asnier du dit moulin peut prendre le bled, farine, le sac et la beste qui le porte, comme acquis et confisqué au seigneur du moulin Choiseau; et s'il trouve le pain fait, il peut le donner à qui bon lui semblera; et si aucunes autres personnes que les boulangers de la ville de Baugency vendent du pain en la ditte ville, le dit asnier le peut prendre comme acquis et confisqué au dit seigneur du moulin Choiseau, excepté les jours de mardy et foire accoutumée et aux lieux et places qu'il est accoutumées aux jours de mardy, jeudy et dimanche seulement, avec faculté audit asnier de faire tout ce qui est cy dessus dit de soi-même sans aucun juge requérir; et si aucunes corvées sont à faire que l'on a coutume de faire, l'asnier du dit moulin comme sergent de Choiseau peut commander les dites corvées à faire audits meusniers des autres moulins qui sont tenus de les faire. C'est asçavoir, quant les nautonniers amènent le bois de la corvée pour Monseigneur en son château de Baugency, ils sont tenus d'apporter le dit bois du château ou faire apporter au dit château de Baugency; et si aucuns des dits meusniers sont de la faire refusans, icelui asnier de Choiseau peut prendre sur chacun cinq sols parisis d'*amende audit seigneur du moulin* de Choiseau ; tous les meusniers des autres moulins de la ville de Baugency sont pareillement tenus d'apporter par chacun an au dit château le jonc pour joncher la salle de Monseigneur, sçavoir aux jours et feste de l'Assomption de Notre-Seigneur, Pentecoste et Feste-Dieu.

Et quand il arrive qu'aucun malfaiteur pour ses démérites est condamné à mort par justice et est exécuté, ledit asnier du moulin Choiseau peut commander, de la part du dit seigneur du moulin Choiseau, aux autres meuniers du dit Baugency qu'il aillent quérir l'exécuteur de la haute justice, lequel il doivent amener à leur dépens; et doivent les dits meusniers garder ledit malfaiteur audit moulin de Choiseau s'il plaît aux officiers de Monseigneur, ledit moulin de Choiseau ayant droit de haute justice, moyenne et basse avec tous et chacuns les droits qui sont et dépendent dudit moulin Choiseau, tel et pareil que défunt le sieur Bigot de la Touasne, ses hoirs et ayant causes les demoiselles Hurault, dame De Maillé et leur autheur, ont déclaré en avoir jouy ou deujouir suivant tous les titres et notamment les aveux fournis à son altesse sérénissime Monseigneur le duc d'Orléans, les cinq et six août mil sept cent soixante-quatre, reçu par Goutière et son confrère notaires royaux à Baugency, et sentence de réception d'iceux rendue en la Chambre du domaine du duché d'Orléans, du vingt-un février mil sept cent soixante-cinq ; sans néanmoins que l'énonciation des droits cy dessus puisse en aucune manière préjudicier aux dames religieuses de Baugency, tant comme propriétaires du moulin de Guenon qu'autrement, dans le cas où elles auraient des titres contraires, attendu que l'énonciation des biens cy dessus saisis est faite conformément aux deux contrats de ventes qui en ont été fait à défunt le sieur Bigot de la Touasne par Catherine Hurault de Veuil damoiselle dame du Piresort et Marie Angélique Hurault de Veuil dame de Rougement, épouse séparée quant aux biens de Mre François-Alexis comte De Maillé Brézé, présent Me Coudroy et son confrère notaires royaux à Baugency, les trente septembre mil sept cent soixante-six et trois janvier mil sept cent soixante-neuf, il eut le droit d'une place à faire placer un moulin à moudre grains sous le pont de la ville de Baugency, sur la rivière de Loire, tel que le dit droit avoit été vendu au dit défunt sieur de la Touasne par l'acte de vente du trois janvier mil sept cent soixante-neuf.

Trois arpents de pré en deux pièces à peu près égales, situées dans le val de Loire, paroisse Saint-Firmain de Baugency, terroir appellé Écorcheresse;

Et le droit de cens inféodé et rente y annexés appelle communément la censive du Prasteau, à prendre sur les objets qui y sont sujets, qui consistent en plusieurs maisons, grange, écurie, scitués à Baugency, paroisse Saint-Nicolas, payable chacun an ; le jour de la Commémoration des trépassés, et généralement tout ce qui dépend des dits moulins, maison, bâtiment, terres labourables et pré, circonstances et dépendances, droit censive cy dessus expliqué, fond, tréfond, propriété et superficie cy dessus spécifié qui pouroient en dépendre ; ainsy que le tout se comporte et poursuit sans en rien réserver, retenir ny parfaire, et ainsy qu'en ont jouy ou veu jouir les précédens propriétaires.

Le tout saisi réellement et actuellement à la requête des dames prieure et religieuses Ursulines de Baugency y demeurantes en leur monastère, paroisse Saint-Firmin, suivant le procès verbal de Gilbert Bonnet, huissier, du dit dix-sept septembre mil sept cent soixante dix-huit duement recordé de témoins et controllé à Orléans le dix-neuf par Guibourg sur et comme appartenant à Philippe Chantereau demeurant à Orléans, rue de l'Empereur, paroisse Saint-Donatien, au nom et comme curateur crée au délais fait à justice des dits biens par les représentans le dit sieur Pierre Claude Bigot, chevalier, seigneur de la Touasne père ; et encore sur Marie Anne Jogue de Villery, damoiselle, veuve Mre Pierre Antoine Masson, chevalier, seigneur de Vernou, au nom et comme ayeulle et gardienne légale de Marie Marguerite Bigot de la Touasne, damoiselle, fille mineure du premier lit de défunt Mre Claude Pierre Bigot, chevalier, seigneur de la Touasne, Ritty et autres lieux et Marie Elizabeth Masson, damoiselle, son épouse, Mre Sébastien-François Bigot, vicomte de Morogue, chevalier, seigneur de Ville-Fallier et autres lieux, lieutenant général des armées navales de Sa Majesté, chevalier de saint Louis, demeurant en son château de Villefallier, au nom et comme tuteur honoraire de Mre Sébastien Pierre Bigot, chevalier, seigneur de la Touasne, et de Marie Thérèse Henriette Bigot de la Touasne, damoiselle enfant mineur du second lit du dit défunt Mre Claude Pierre Bigot de la Touasne et de Marie Anne Louise Bigot de Morogue, damoiselle, son épouse et Me Guillaume François, son notaire au Châtelet d'Orléans, au nom et comme tuteur honoraire des enfans mineurs du second lit du dit défunt sr Bigot de la Touasne, comme ayant délaissé à justice les dits biens cy dessus énoncés sur les demandes en action hypotéquaire qui ont été contre eux dirigé à la requête des dites dames religieuses ed

Baugency, pour seureté et faute de payement des sommes à elle dues par les parties saisies ; les dits biens acquis par le dit sieur Bigot de la Touasne des demoiselles Catherine Hurault de Veuil et de dame Marie Angélique Hurault de Veuil, dame de Rougement, épouse séparée quant aux biens du sieur comte de Maillé Brézé.

Aujourd'hui vingt-six may mil sept cent soixante-dix-neuf, au greffe civil du bailliage d'Orléans, est comparu Me Jean Charles Lenormant, procureur au Châtelet d'Orléans, et de Me Pierre François Nicolas Turtin, conseiller du roy, juge magistrat aux bailliage, siège présidial et Châtelet d'Orléans, demeurant audit Orléans, rue Neuve, paroisse de Sainte-Catherine, lequel a pour lui déclaré qu'il est opposant à laditte saisie réelle ; pour droits personnels et hipothécaires, et pour l'effet de la présente opposition a élu domicile en sa maison scise rue des Pastoureaux, paroisse de Saint-Maurice, et a signé ; ainsi signé : Lenormant et Gueinaud, greffier commis.

GUEINAUD.

(Collection de l'auteur.)

Orléans, imp. P. PIGELET

www.ingramcontent.com/pod-product-compliance
Ingram Content Group UK Ltd.
Pitfield, Milton Keynes, MK11 3LW, UK
UKHW020453230726
13925UKWH00005B/1903

9 782019 214791